AF298854

LIBRE-PENSÉE

ET

ENTERREMENTS CIVILS

PAR

JEAN-LE-VÉRIDIQUE

PARIS

LIBRAIRIE CATHOLIQUE INTERNATIONALE

DE L'ŒUVRE DE SAINT-PAUL

6, rue Cassette, 6

1883

LIBRE-PENSÉE

ET

ENTERREMENTS CIVILS

I

LARRIVE, CHÉVRIN

(Tous deux membres de la libre-pensée.)

LARRIVE.

Eh bien ! partons-nous à l'enterrement de Lampalé ? Tu sais que ce sera une des belles démonstrations de la libre-pensée.

CHÉVRIN.

Merci ! je n'en veux plus de ta libre-pensée et de tes enterrements civils ; je trouve que cela ne ressemble à rien ; et même, on commence à rire pas mal de nous ; surtout depuis l'enterrement de l'autre jour ; on dit que cela tourne à la bêtise...

LARRIVE.

Allons ! un petit moment ! C'est au contraire au nom de la science et de la raison...

CHÉVRIN.

Au nom de la raison ? Rien de plus déraisonnable... J'étais, comme toi, la semaine dernière à l'enterrement de Grémisset; qu'est-ce qu'on nous a fait faire ? Tu le sais aussi bien que moi : les gamins, grimpés sur les murs du cimetière, et la casquette sur l'oreille, nous singeaient en riant et en gouaillant : c'était comme un vrai carnaval. Depuis ce jour, j'ai bien juré qu'on ne m'y reprendrait plus. Non, je ne veux plus assister à de pareilles comédies.

LARRIVE.

C'était tout de même un peu ennuyeux, mais enfin, puisque telle était la dernière volonté du défunt, il fallait bien la respecter.

CHÉVRIN.

Dernière volonté tant que tu voudras, cela ne me paraît pas raisonnable. Comme cela, si un écervelé manifestait en mourant la volonté que les frères et amis allassent danser la

Carmagnole sur sa tombe, il faudrait donc la danser, et faire en pays civilisé ce que ne font même pas les sauvages dans leurs forêts ?

LARRIVE.

Quelle supposition !

CHÉVRIN.

Enfin, c'est ce qui peut arriver d'un jour à l'autre, tu ne peux pas dire le contraire. Je lisais encore hier dans un journal le fait suivant intitulé : *Un enterrement orgie :*

« Il a eu lieu dans la paroisse de Venteuil (diocèse de Châlons). Le mort était un célibataire d'une soixantaine d'années, ayant compté parmi les libres-penseurs, c'est le nom qu'aiment à prendre les francs-maçons.

« A la levée du corps, civilement faite, une Société chorale a chanté *le chœur des soldats, de Faust,* et toutes les personnes présentes ont bu un verre de vin en l'honneur du défunt. L'assistance ne comprenait que des hommes, au nombre de quatre cent soixante-dix, qui formaient une double haie autour de la bière. Sur la tombe, la Société chorale a chanté la *Marseillaise.* Enfin, suivant la prescription du testament, une bouteille de champagne a été vidée sur le cercueil avant qu'on y jetât les premières pelletées de terre. La cérémonie s'est terminée par un grand banquet auquel le défunt avait, par son testament, invité tous les assistants. »

Est-ce triste et assez bête ?

A Cabannes (Bouches-du-Rhône), un vieillard qui avait le culte de la bouteille, consigna sur son testament ses intentions suprêmes. Il voulut que le cortège qui irait à son enfouissement fût composé de gens qui auraient tous la pipe allumée « en gueule » ; — qu'après l'odieuse cérémonie on bût 300 fr. au cabaret, ce qui fut exécuté à la lettre.

LARRIVE.

Tu sais, quand il s'agit d'exécuter une dernière volonté, nous ne sommes pas libres... c'est le principe qui le veut... on s'est engagé.

CHÉVRIN.

Alors, puisqu'on n'est pas libre, il faut changer le nom de la société et ne pas l'appeler la *libre*-pensée. J'ai laissé inscrire mon nom sans savoir ce qu'il en était, mais aujourd'hui que je vois bien où tout cela conduit, je ne veux pas rester engagé dans une société qui ne me laisse pas la liberté de mes actions.

LARRIVE.

Alors, tu renonces à la libre-pensée, tu ne veux plus en faire partie ?

CHÉVRIN.

Certainement ! Je prétends être libre de mes actes, et d'ailleurs, à parler franchement, je préfère encore les cérémonies de la religion aux hurlements de la *Marseillaise* dans un cimetière, et au *glou-glou* de la bouteille vidée sur un cercueil comme dans une tabagie. L'autre jour, quand j'ai passé devant la tombe de ma mère sur laquelle j'ai versé tant de larmes, j'ai senti un frémissement en moi ; cela m'a bouleversé ; j'étais honteux de moi-même, et en revenant j'ai bien juré, par le respect que je dois à la mémoire vénérée de ma mère, qu'on ne me reverrait pas dans cet équipage, en pareil lieu. C'est bien fini ; va à l'enterrement civil, si tu veux, pour moi je n'en veux plus.

LARRIVE.

Il faudra donc que je le dise à notre président Bérichon ?

CHÉVRIN.

Oui, je t'en charge, dis-lui qu'il ne compte plus sur moi, et qu'il efface mon nom de la liste des associés.

LARRIVE (*à part et en s'en allant*).

Tout de même, il a assez raison, j'en ferais bien autant ; mais si je me retirais, que diraient les autres ? Et puis, Bérichon a de puissantes protections, et pour m'engager à m'enrôler, comme je n'étais qu'à moitié décidé, il m'a promis de protéger mon fils qui étudie, et de lui faire obtenir une belle place du gouvernement. Si je quittais, tout serait perdu..... laissons placer mon fils, puis on verra plus tard.

———

II

BERICHON (*qui, après l'enterrement civil, accourt près de Chévrin pour le dissuader*), CHÉVRIN, COLIN, *géomètre.*

BÉRICHON.

Il paraît que tu ne veux plus faire partie de la libre-pensée ; est-ce bien sûr ?

CHÉVRIN.

C'est très sûr ; je trouve que cela devient ridicule.

BÉRICHON (*affectant de grands airs*).

Comment ridicule ? Pourtant il n'y a rien de plus sérieux. Les libres-penseurs ont pour les morts un culte supérieur à celui des cléricaux. D'abord, ils sont bien plus respectueux en touté circonstance, de cette chose sacrée, la suprême volonté des mourants.

COLIN, *géomètre.*

Tout de même, vous pouvez bien vous vanter de cela, vous autres de la libre-pensée. Attendez, j'ai ici de quoi vous répondre ; car, ayant appris que Chévrin se retirait de votre société, pour l'encourager je lui apporte des faits que j'ai recueillis avec le plus grand soin.

Permettez que je vous en fasse la lecture. Voici d'abord pour montrer comme vous respectez la volonté des mourants :

« Dans une petite localité du département
« du Rhône (écrit le journal la *Décentralisa-*
« *tion,* du 3 juillet 1873), un brave homme
« venait de mourir réconcilié avec Dieu, et
« le prêtre était présent pour l'accompagner
« à sa dernière demeure ; mais il comptait sans
« les libres-penseurs. Ils étaient là entourant
« le cadavre et maudissant le curé. Il leur ap-
« partenait, disaient-ils. En vain la fille du dé-
« funt protestait-elle et refusait-elle de laisser
« enterrer son père comme un chien. Ils ne
« voulaient pas lâcher leur proie. Le prêtre
« était parti et le scandale allait grandissant.
« On fut quérir le maire. Alors nos individus

« exhibèrent à ce fonctionnaire un papier-
« testament, qu'ils prétendirent avoir trouvé
« derrière l'oreiller, et sur lequel le signa-
« taire demandait à être enterré civilement.
« Il n'y avait qu'un malheur : le défunt ne
« savait pas écrire ; c'est ce que prouva sa
« fille... »

Rapprochons ce fait de la déclaration sui-
vante faite *officiellement*, par le commis-
saire de police du quartier de la Bourse de
Lyon en 1873 : « Dans l'espace des vingt der-
« niers mois, j'ai été obligé d'intervenir au
« moins une dizaine de fois, sur la demande
« des familles de personnes décédées soit à
« l'Hôtel-Dieu, soit dans leurs domiciles,
« pour faire prévaloir les volontés des mem-
« bres de la famille, contre les agissements
« de la société des libres-penseurs qui vou-
« laient les faire enterrer civilement. Dans
« toutes les circonstances où je suis intervenu,
« les libres-penseurs avaient, à l'insu de la
« famille, fait toutes les démarches, soit à la
« mairie pour faire la déclaration du décès,
« soit pour payer les frais de l'enterrement et
« du cercueil. Au dernier moment les mem-
« bres de la famille venaient me demander
« protection pour assurer leurs droits et faire
« enterrer le défunt religieusement, selon sa
« volonté clairement manifestée. »

Et, malheureusement, le dernier mot ne
restait pas toujours aux familles.

Bouches-du-Rhône. — « Un de ces der-
« niers jours, un honnête travailleur, âgé de
« cinquante-trois ans, est mort à l'hospice de
« la Conception (Marseille). Un prétendu *cou-*
« *sin* du défunt se présente et annonce à
« l'hospice que *sa famille* veut faire procé-
« der à un enterrement civil.

« Les libres-penseurs n'avaient pas la
main heureuse ; car le défunt avait réclamé
et reçu les secours de la religion, et ils
durent céder la place à l'enterrement religieux, qui répondait aux véritables sentiments
de l'honnête ouvrier. » (*Décentralisation,*
18 juillet 1873.)

A Saint-Etienne, le 16 avril 1873, « a eu
« lieu l'enterrement civil de Mme R... La ma-
« lade s'était confessée librement et en pleine
« connaissance le vendredi saint. Se sentant
« près de mourir, elle manifestait sa satisfac-
« tion d'accomplir ce pieux devoir. Mme R...
« estimait une pareille fin conforme à toute
« sa vie, qui avait été une profession de foi
« fermement catholique : elle se félicitait sou-
« vent d'avoir pu donner à ses enfants une
« éducation chrétienne. Une crainte pourtant
« obsédait la moribonde : elle redoutait que
« son corps ne devînt la proie des libres-
« penseurs qui l'entouraient. Cette crainte
« s'est réalisée... On lui a infligé la honte de
« cet enfouissement civil, pour lequel elle té-
« moignait une si invincible répugnance. Au-

« trefois nous avions la traite des vivants,
« nous avons maintenant *la traite des morts.* »
(*Stéphanois,* du 18 avril 1873.) — « On a
« enterré avant-hier civilement à Valence
« (Drôme) un homme de trente-sept ans, qui
« avait été administré la veille, en présence
« de son propre père. » (*Décentralisation,* du
24 août 1873.)

TOULON, 15 décembre 1874. — « On est
« fort impressionné ici d'une démonstration
« de la libre-pensée, faite dimanche dernier
« par les ouvriers de l'arsenal. Un jeune
« homme, nommé G..., est mort à l'hospice
« maritime, après avoir reçu les derniers sa-
« crements, et témoigné ainsi de ses sen-
« timents religieux. Les parents et les amis
« se sont emparés du cadavre pour une ma-
« nifestation. Les ouvriers, appartenant pres-
« que exclusivement à l'arsenal, ont formé
« le cortège. C'est donc en violation de ses
« croyances que l'enterrement civil a eu lieu. »
(*Sentinelle du Midi,* du 17 décembre 1874.)

A Nîmes, « des agents des sociétés se-
« crètes pénétrèrent, il y a quelques semaines,
« dans une famille pauvre, dont le chef était
« malade depuis longtemps. Ils offrirent à
« ce malheureux de lui donner aussitôt la
« somme de quarante francs, lui promettant
« un secours régulier, par semaine, d'une
« somme à peu près égale, à la seule condi-

« tion qu'il déclarerait par écrit vouloir être
« enterré civilement. Fort heureusement cette
« proposition s'adressait cette fois à un excel-
« lent catholique, qui sut trouver dans sa foi
« l'énergie nécessaire pour la repousser. »
(*Décentralisation*, du 21 septembre 1873.)

Sous prétexte de respecter la volonté des
mourants, comme le prouvait éloquemment
M. Beulé, ministre de l'intérieur, en révé-
lant ces faits à l'Assemblée nationale, le
24 juin 1873, vous opprimez indignement la
liberté de conscience : « Quoi ! disait M. Beulé,
« n'est-ce pas opprimer la liberté de cons-
« cience que d'abuser ainsi du secret des
« familles, de l'enfance sans protecteur, des
« veuves dans les larmes, des vieillards
« sans conseils, de l'indifférence des voisins ?
« N'est-ce pas opprimer la liberté de cons-
« cience que d'abuser de la faiblesse ou de
« l'infidélité d'un tuteur, de la lâcheté d'un
« solidaire qu'intimide sa puissante corpora-
« tion, des tentations de la pauvreté et des
« mauvais conseils de la misère, qui vend
« hélas ! ses cadavres en détournant les yeux ?
« N'est-ce pas opprimer la liberté de cons-
« cience quand, le lendemain d'une première
« communion, un pauvre enfant qui vient de
« faire son grand acte de chrétien et qui
« meurt, est condamné à l'enterrement civil ?
« lorsque la famille, violemment écartée, vient
« se plaindre le lendemain des funérailles, où,

« mieux inspirée, est forcée d'en appeler a
« la protection de la police et des magistrats ?
« Ces plaintes, ces faiblesses, ces protesta-
« tions tardives, est-ce là la liberté de cons-
« cience ? Enfin, quand on arrache de son lit
« le cadavre d'un chrétien mort fidèle à ses
« convictions et touché par le doigt du mi-
« nistre ou du prêtre, quand on l'entraîne à
« la fosse commune comme s'il avait renié son
« âme, sa foi, son Dieu, est-ce la liberté de
« conscience ? »

BÉRICHON (*murmurant entre ses dents*).

Ce n'est pas toujours comme cela que les
choses se passent ; nous en avons qui ont vraiment demandé à être enterrés civilement.

COLIN.

C'est possible quelquefois. Mais à part cer-
taines exceptions, quelles sont vos conquêtes ?
Des prêtrophobes qui meurent en impies afin
de jouer un bon tour à leur curé, et qui s'en
jouent un bien plus grand à eux-mêmes ; des
originaux ou des orgueilleux qui veulent faire
parler d'eux le jour de leurs funérailles ; des
exaltés, des cœurs ulcérés et aigris par les
luttes politiques ; des enfants prodigues, des
époux qui ont secoué le joug, des vieillards
libertins ; de pauvres célibataires surtout qui
n'ont pas de famille pour vous disputer leur

cadavre, car vous ne tenez qu'à cela : avoir
un cadavre n'importe à quel prix pour avoir
l'occasion de parler contre les vieilles supers-
titions, comme vous dites dans votre langage.

Les cadavres ! vous les décrochez de l'arbre
où ils sont pendus ; vous les recueillez dans
la rivière ; vous allez les dérober, ou à peu
près, dans les hospices ; vous les achetez à
des familles indigentes ou idiotes ; vous les
prenez jusque dans les asiles des aliénés, où
naturellement cette clientèle d'un nouveau
genre se laisse faire, comme si elle n'avait
jamais fait que cela. Et l'innombrable tribu
des imbéciles ! C'est là que vous faites vos
meilleures recrues.

BÉRICHON.

Pardon, M. Colin, pas plus loin que demain,
nous avons un enterrement civil des plus
honorables : une dame de la ville voisine,
Mme Rosa, convoque toute la libre-pensée
pour rendre les derniers devoirs à un de ses
vieux serviteurs qu'elle veut honorer. Nous
n'avons exercé aucune pression sur cette dame,
ni sur son serviteur, nous ne les connaissons
même pas, preuve que nos doctrines philosophiques ne sont pas rejetées de tout le monde.

COLIN.

De quelles doctrines voulez-vous parler,
s'il vous plaît ? Veuillez les formuler claire-

ment. Pour moi, je ne vous en connais qu'une seule : *détruire la Religion*. Je la trouve formulée dans les règlements de la *Société des libres-penseurs, de Lyon*, dont voici le principal article : « *Les soussignés ne reconnaissent aucune religion ; ils prennent pour devise : pas de prêtre à la naissance, pas de prêtre au mariage, pas de prêtre à la mort.* « Et pour *propager leurs idées*, ils ont formé « à Lyon une association philosophique... »

Permettez-moi de vous dire franchement ce que je pense de tout cela : eh bien, pour moi, vos doctrines, vos raisons philosophiques sont des raisons cyniques.

Ne faut-il pas être doué d'une rare impudence pour aller dire à un mourant : « La religion est une chimère ; l'Eglise une mystification ; l'immortalité de l'âme, un rêve ; les peines et les récompenses de l'autre vie, des contes et des fables ? Envoyez-moi promener ces prêtres, et faites gaiement un saut philosophique, dans ce trou noir qu'on appelle le néant ! »

Vous qui dites ces tristes choses, vous n'êtes pas sûrs qu'elles soient vraies.

Non ! vous n'avez pas cette certitude ; vous ne pouvez pas l'avoir.

Les ennemis les plus acharnés de la religion chrétienne avouent qu'il est impossible d'en démontrer d'une manière évidente la fausseté.

On ne peut, disent-ils, qu'arriver au doute.

Vous ne pouvez donc que douter ! Alors, pourquoi affirmez-vous ?

Votre conduite est horrible !

A écouter le prêtre qui parle de pardon, de miséricorde, d'espérance, d'un bonheur sans fin obtenu par un aveu et une larme, que risque le mourant ? Rien.

A écouter les libres-penseurs, il risque tout. Si le ciel n'existe pas, et que les sacrements de l'Eglise soient inutiles, le malade qui écoute le prêtre en sera quitte pour avoir accueilli de nobles et consolantes espérances.

Mais si le ciel existe, et que les sacrements en soient la porte, quel sera le sort de celui qui vous aura écoutés ?

Ne voyez-vous pas que vous assumez une responsabilité terrible ? Et puis, de quel droit venez-vous exercer une pression sur la conscience de ce mourant ? Pourquoi ne pas le laisser à lui-même ? Si jamais on doit être complètement maître de ses résolutions, il me semble que c'est aux approches de la mort. Que le prêtre, que l'homme de la prière aborde cette âme, c'est son droit et son devoir reconnus de tous. Il est le bon pasteur, et le bon pasteur n'attend pas d'être demandé par la brebis perdue ; il court le premier à sa recherche. Mais vous, hommes du monde, ouvriers, laïques, vous n'avez pas qualité pour une mission si délicate et si haute. Vous ne pouvez jouer, au chevet des mourants, qu'un rôle ridicule et odieux.

BÉRICHON.

Notre but est d'honorer l'humanité...

COLIN.

Dites donc que vous la déshonorez, en la ravalant au niveau des animaux qui à leur mort rentrent dans le néant.

BÉRICHON.

Mais la libre-pensée fait disparaître les inégalités sociales, elle honore autant le pauvre que le riche en ne faisant jamais payer ; ce n'est pas comme à l'église, où l'on n'a rien sans argent.

COLIN.

M. Bérichon, vous tombez bien mal à dire cela devant moi, qui suis trésorier de la fabrique ; à ce titre, je puis vous donner des renseignements très précis sur les honoraires du clergé, autrement dit sur le *casuel*.

Vous saurez d'abord que les prêtres ne perçoivent rien pour les fonctions les plus fréquentes et les plus pénibles ; ils prêchent, confessent, visitent les malades, administrent les mourants *gratis*. Ce n'est guère qu'à l'occasion des mariages et des sépultures qu'ils reçoivent quelque chose de la part des fidèles ; et encore, s'il s'agit d'un pauvre ou d'un nécessiteux quelconque, *tout est gratuit*.

Quant aux enterrements payants, la part du prêtre se réduit à bien peu de chose, après qu'on a déduit ce qui revient aux employés d'église et à la *fabrique*, laquelle est chargée de l'entretien matériel et des réparations de l'église ; dans les grandes villes, l'entreprise des pompes funèbres absorbe la plus grande partie de ces dépenses irritantes, le prêtre n'y est pour rien. D'ailleurs, le tarif arrêté entre le ministre des cultes et l'évêque, signé par eux, affiché dans les sacristies, règle les droits de chacun, et se prête à toutes les positions et à toutes les bourses ; chacun est libre de choisir la classe qui lui convient, et de limiter sa dépense. Les premières lignes de ce tarif sont celles-ci : « *Tous les services religieux rendus aux indigents sont gratuits* ».

Et je vous assure qu'on est très large dans l'interprétation de ce mot « indigents. »

Il est bien à remarquer encore, que les prières essentielles sont toujours les mêmes, quelle que soit la classe adoptée, gratuite ou payante ; la différence n'est que dans les cérémonies et l'ornementation extérieures demandées par les familles. Ceux qui se scandalisent des pompes modestes de nos églises devraient être conséquents et s'offusquer de celles bien plus tranchées des cimetières. Pourquoi ne pas demander la suppression des tombeaux de familles, et la fosse commune pour tout le monde ?

L'Eglise, mieux que personne, fait disparaître les inégalités sociales, et honore autant le pauvre que le riche, en donnant à l'un les mêmes prières qu'à l'autre.

En est-il de même dans la libre-pensée ?

J'ai peine à le croire, si j'en juge par certains faits qui viennent de se passer. Quand l'on sait que le mort est un pauvre diable qui n'a pas le *sac*, on se garde bien d'inviter les frères et amis, et c'est au plus vite qu'on le fourre dans le trou sans escorte et sans aucune cérémonie, comme cela vient d'avoir lieu à Sens pendant les fêtes de Pâques 1882. Voici le récit d'un journal de la localité :

« Les libres-penseurs de Sens viennent de nous donner l'exemple de la plus honteuse couardise. C'est à se demander vraiment si tous ces fantoches existent bien réellement, tant ils savent disparaître lorsqu'il faudrait se montrer. Voici le fait :

« Un frère et ami, après s'être distingué à la goinfrerie du vendredi-saint, est trouvé mort le matin de Pâques dans la maison même du banquet. Ses membres ensanglantés et sa figure convulsée font d'abord penser à un crime. Mais enfin on décide que sa mort semble naturelle et qu'il n'y a eu ni vol, ni violence à son sujet. En apprenant cet accident, quelques bons Sénonais s'imaginaient que les frères et amis, toujours triomphants en pareille occasion, auraient été heureux de posséder un tel cadavre. Va-t-en voir s'ils viennent, Jean.

« Dans l'ahurissement causé par ce trépas malencontreux, le pauvre mort n'a pas même passé la nuit dans sa chambre. Emporté clandestinement le jour même à la morgue du cimetière transformée en chenil, il a été plus clandestinement encore enfoui le surlendemain à sept heures du matin, sans qu'aucun de ses amis et convives du vendredi saint ait daigné se déranger pour lui adresser un dernier adieu.

« Eh bien ! voilà le courage et la fraternité de ces citoyens. Voilà le triste, le honteux, le lâche épilogue de toutes ces forfanteries athées des coryphées de la libre-pensée. Deux ou trois feuilles de chou ont raconté comme ils étaient ardents et hardis pour dépecer un cochon mort et insulter Dieu quand ils le croyaient loin d'eux et qu'il ne les entendait pas. Mais parce qu'un malheureux frère est trouvé mort le jour de Pâques dans la maison même où ils se sont empiffés de cochonaille le vendredi d'avant, les voilà saisis d'une terreur panique. On les cherche où il n'y a plus personne ; on prend même tous les moyens de faire disparaître *incognito* le cadavre du malheureux frère méconnu.

« On les a vus cependant naguère promener

triomphalement leurs morts, changer le parcours ordinaire des convois pour traverser les rues les plus fréquentées ; on les a vus multiplier les discours et les louanges sur la fosse de leurs défunts, comme il est arrivé encore tout récemment à Villeneuve-sur-Yonne pour l'enterrement civil d'une vieille de 82 ans.

« Touchante cérémonie, dit la *Petite République* dans son numéro d'hier, ce n'est pas plus vieux que cela, touchante cérémonie, elle doit être *la même* pour tous ; « car la « libre-pensée ne perd jamais de vue cette « partie de la devise républicaine, qu'elle « s'efforce de mettre en pratique : *l'égalité* « (sic). » Voilà pour l'enterrement de la vieille de Villeneuve.

« Et à Sens, parce que le malheureux X... est mort 24 heures après le vendredi saint, dans le lieu même où il avait si joyeusement banqueté, que les voisins l'avaient remarqué tout spécialement, parce qu'on l'a trouvé affreusement frappé par la mort, voilà que tous les frères et amis l'abandonnent, qu'on le fait disparaître honteusement et clandestinement. Où étiez-vous, convives et frères du malheureux ?

« Vous avez supposé qu'il pourrait peut-être y avoir ici un retour offensif du nommé Dieu, et vite vous vous êtes éclipsés. Vous vous vantiez pourtant d'être des hommes forts, au-dessus de tous les préjugés ; et voilà que l'on vous traite partout de farceurs, de poseurs et lâcheurs de la pire espèce. » (*Union de Sens,* 12 avril 1882.)

CHÉVRIN.

Il y a encore une chose à remarquer : c'est que, si pour l'enterrement civil, il n'en coûte rien à la famille du défunt (ce qui est très rare), en revanche il en coûte beaucoup aux associés, j'en sais quelque chose. D'abord, il faut se déranger de son travail, quelquefois même il faut aller d'un pays à l'autre, perdre des journées entières, payer un remplaçant pour exécuter les travaux pressés de semaille, de moisson ou de vendange ; il faut encore payer sa cotisation annuelle, payer pour le banquet qui suit presque toujours la cérémonie funèbre, payer pour une quête qui se fait à la porte du cimetière, au profit de telle ou telle association qu'on ne connaît pas même. En somme, dans un an, j'ai déjà assisté à cinq ou six enterrements civils, pour lesquels j'ai bien dépensé, en calculant tout, de quoi me faire faire un superbe enterrement religieux, en 1re classe. Or, cette dépense, à recommencer tous les ans, ne laisserait pas que de m'occasionner des frais considérables. Tout bien calculé, il est encore plus avantageux de s'en tenir à l'ancienne méthode. Quand je mourrai, mes enfants paieront mon enterrement ; il n'est pas besoin que je paye à l'avance dix ou vingt fois plus que cela ne coûtera.

BÉRICHON.

La question n'est pas là; il en est de cela comme de toute chose qui commence; il faut payer les frais de première installation; mais il n'en est pas moins vrai que la libre-pensée est la religion qui se dégage des principes de la Révolution française; c'est la religion de l'avenir, la religion de la démocratie.

COLIN.

C'est plutôt la négation de toute religion et de toute croyance, comme je vous l'ai déjà dit et comme le comprenait fort bien cette brave femme, dont *Paris-Journal* rapporte la réponse à un radical de haut parage, qui dédaignait de faire baptiser ses enfants. Un jour que ce grand personnage se promenait à la campagne, il rencontre une brave fermière, avec laquelle il engage conversation. Au bout d'un instant le citoyen libre-penseur, qui était accompagné de sa progéniture, dit à la brave fermière : « Eh bien, la mère, vous voyez qu'on n'a pas besoin de faire baptiser ses enfants pour qu'ils deviennent gros et gras.

— Pardine, monsieur, not' cochon n'a pas été baptisé non plus, et il est plus gras que vot' fieu ! »

On ne dit pas la mine que fit notre illustre citoyen libre-penseur.

Eh bien ! votre prétendue religion de l'avenir se résume dans la réponse de cette brave femme : « Vous niez toute religion, tout ce qui rattache à Dieu, par conséquent vous faites descendre l'homme au niveau des bêtes qui, elles non plus, ne croient à rien et qui du moins ont le bon esprit de ne pas s'en vanter.

Pour quiconque va au fond des choses, vos enterrements civils impliquent l'ATHÉISME et le *matérialisme*, c'est-à-dire la double négation de Dieu et de l'âme immortelle.

Le nombre est grand de ceux qui ignorent la portée réelle de l'acte auquel ils sont coupables de participer. Les uns se laissent enrôler en cédant à de belles promesses qu'on leur fait. D'autres, plus répréhensibles encore sinon mieux éclairés, ne poursuivent qu'un but : afficher la haine de ce qu'ils nomment le *cléricalisme*, faire à la religion et au clergé une opposition systématique, et pour cela, tous les moyens leur sont bons. Or, parmi ces moyens, ils ont placé l'enterrement civil. Tel est aujourd'hui leur principal instrument de combat. Car, à l'avantage de constituer une parodie des cérémonies catholiques, il joint pour eux cet autre mérite d'être une démonstration nettement matérialiste. La libre-pensée est la plus habile machine de guerre que l'*Internationale* ait inventée contre la famille, la propriété, la patrie et tout l'ordre social.

Pour avoir votre libre-pensée en dégoût, il

n'est pas nécessaire d'être dévot, ni même
clérical, comme on dit aujourd'hui ; il suffit
d'être honnête, sensé, et d'avoir quelque
chose à perdre dans la révolution radicale
qu'on prépare par ces processions civiles aux
cimetières.

BÉRICHON.

Mais notre but est de soustraire l'humanité
au joug du prêtre..... et de substituer, pour
le bien accompli, les satisfactions de la conscience à l'espoir des biens éternels. Nous ne
voulons pas de religion, parce que les religions étouffent l'intelligence.

COLIN.

Parfait! monsieur Bérichon, vous avez bien
appris votre leçon : vous venez de nous réciter
mot à mot la lettre écrite par la loge maçonnique de Liège à celle de Londres en 1866 ;
mais vous ne vous apercevez pas que vous
êtes en contradiction avec vous-même. Tout
à l'heure vous nous disiez que la libre-pensée
était la religion de l'avenir, et maintenant
vous nous dites que vous ne voulez pas de
religion parce que les religions étouffent l'intelligence. Vous trouvez donc qu'il est bien
plus intelligent d'aller au cimetière, la pipe
à la bouche, comme à Cabannes, ou en chantant la *Marseillaise* et en vidant le champagne sur une fosse comme à Venteuil, que

d'y aller comme nous le faisons, en redisant les prières pleines de consolation et d'espérance que l'Eglise nous met sur les lèvres?

Vos paroles et vos actes se contredisent à tout instant. Par vos manifestations de la libre-pensée et vos enterrements civils, vous êtes en contradiction avec les notions de la *liberté*; vous vous appelez libres et personne n'est moins libre que vous; vous obéissez à un mot d'ordre venu des loges; d'après vos principes, vous êtes forcés de faire des actes déraisonnables pour exécuter des dernières volontés extravagantes; vous êtes forcés d'assister à ces enterrements sous peine d'amende; de plus, en vous mettant de cette Société, vous vous obligez à déserter toute espèce de culte, vous vous liez à jamais aux ennemis de votre foi, vous leur livrez votre volonté, vous vous interdisez toute espérance, et vous appelez cela de la liberté! On parle des taillables et des corvéables du moyen-âge: mais jamais il n'y eut une exploitation semblable à celle qu'exercent, sur la population ouvrière, certains amis prétendus du peuple.

Vous vous dites *penseurs*, mais la pensée c'est un principe immatériel qui prouve l'existence de l'âme. Or, dans tous les discours que vous prononcez dans vos cérémonies, vous ne parlez que de la matière, vous niez l'existence d'une autre vie. Aussi dit-on que vous êtes les partisans de la *panse* plutôt que de la *pensée*. Rayez donc encore ce mot de votre programme ; vous n'êtes ni *libres*, ni *penseurs*.

Pourquoi encore les fleurs d'*immortelles* sont-elles devenues le signe de ralliement de vos enfouisseurs ? Si vous croyez à une autre vie, pourquoi refusez-vous à l'âme les secours de la prière ? et si vous estimez qu'après cette vie il n'y a plus que le néant, pourquoi un pareil emblème ? Contradiction !

Encore une question : Que signifie la pompe extraordinaire dont les libres-penseurs entourent certains enfouissements civils de grands personnages ? Toute cette pompe nous fait comprendre que les soi-disant libres-penseurs ne peuvent parvenir, quoi qu'ils fassent, à rendre leur esprit entièrement libre de convictions religieuses.

S'il en était autrement, ils ne chercheraient pas à remplacer les pompes, les cérémonies de l'enterrement religieux, par d'autres pompes, par d'autres cérémonies. On ne convoquerait pas plus des amis pour un enterrement que pour tout autre acte de la vie civile. On comprend que des chrétiens se réunissent pour des funérailles ; on les invite non pas à voir enfouir un corps qui est déjà en proie à la pourriture, mais à prier pour l'âme du défunt ; ils viennent, suivant la vieille formule, pour lui rendre un dernier devoir, pour *l'assister* de leurs prières.

Le mort s'est réconcilié avec Dieu avant

de quitter la terre ; son âme subsiste pour la béatitude ; son corps, consacré par les onctions suprêmes et par les prières de l'Eglise, ce corps, qui doit ressusciter pour être glorifié pendant l'éternité, est presque une relique, quelque chose de saint, et l'on comprend qu'on se découvre, qu'on se signe en le voyant passer.

Mais si l'âme n'existe pas, si l'autre vie est une chimère, le corps n'est plus qu'une charogne dont il faut se débarrasser au plus vite, et la mort un spectacle qui n'a rien de majestueux, dont il convient au contraire de ne pas attrister le public.

Tels sont les principes qui doivent déterminer la pratique des enterrements civils : ils doivent ressembler aux enterrements de chiens ; si les libres-penseurs étaient logiques, ils n'en feraient pas autre chose.

La pompe des funérailles est une pratique d'origine essentiellement religieuse, reposant sur des données religieuses. Si les libres-penseurs étaient vraiment convaincus du matérialisme qu'ils affichent, ils ne se donneraient pas ce ridicule. Mais ils sont loin de cette tranquillité d'âme ; ils en sont si loin, leur agitation, leurs terreurs à la vue de la mort, à la pensée de l'autre vie, sont si profondes, si réelles, qu'ils ne peuvent s'empêcher de les laisser voir à tous dans les manifestations qu'ils imaginent pour les dissimuler, ils rendent malgré eux aux croyances religieuses le plus éclatant hommage.

Enfin, vous êtes en contradiction avec les sentiments les plus intimes de la nature humaine. Voici ce dont j'ai été témoin et ce que j'ai vu moi-même :

Par une froide journée d'hiver, j'ai porté mes pas vers le cimetière, notre dernier asile à tous. De lourds nuages voilaient le soleil, une neige épaisse couvrait le sol, enveloppant de son linceul les fleurs hier encore épanouies. On n'apercevait que les croix debout sur les tombes. Rien ne troublait le morne silence de cette solitude, si ce n'est la voix aiguë du vent sifflant à travers les saules et les cyprès. Il me semblait que la nature en deuil s'associait à la tristesse profonde dont mon âme était pénétrée. J'évoquais devant moi les humbles morts, ceux qui avaient passé sans bruit sur cette terre, et aussi les morts fameux qui avaient rempli le monde de l'éclat de leur renommée, tous couchés maintenant dans leurs cercueils, et soumis, grands et petits, à l'inexorable égalité du tombeau. J'ai voulu savoir d'eux ce qu'est la vie, ce qu'est la mort, ces deux redoutables inconnues dont se compose ici-bas la destinée de l'homme. Et tous m'ont répondu : *La vie n'est que misère. Heureux ceux qui meurent dans le Seigneur!*

Pendant que j'écoutais ces voix funèbres, j'entendis la cloche du cimetière, annonçant que la région des morts allait compter un habitant de plus. Et j'aperçus bientôt un long cortège qui se dirigeait lentement vers une fosse ouverte. C'était le convoi d'une jeune fille de seize ans, que la mort venait de moissonner. Une couronne de roses blanches, sa dernière parure, était placée sur son cercueil. Hélas ! elle s'avançait sans que la croix la précédât sur le chemin de la tombe, sans que le ministre du Dieu vivant fût là, priant pour elle. Lorsque le corps fut déposé dans la fosse, lorsque la terre l'eut recouvert, aucune main ne s'éleva pour la bénir : un signe maçonnique remplaça le signe sacré de la Rédemption. Le fossoyeur avait fait son œuvre ; tout était fini ; la foule se dispersa.

Et je vis alors une femme en deuil s'approcher de cette tombe à peine refermée. C'était la mère. Le chagrin avait blanchi ses cheveux et tracé sur son front les rides prématurées de la vieillesse. Vainement elle avait supplié son mari de ne pas infliger à sa fille chrétienne l'opprobre de la sépulture athée. Vainement elle lui avait rappelé l'engagement pris avant la bénédiction nuptiale, renouvelé sur le berceau de son enfant. Il était resté sourd à ses supplications. La passion du sectaire avait fait taire la voix de l'honneur et étouffé le sentiment paternel. Brisée par la douleur, épuisée par de longues veilles, la pauvre mère s'était traînée jusqu'à la tombe de sa fille. Elle était là, agenouillée sur ce sol mouvant, pâle, défaillante, le visage baigné de larmes. Elle priait pour son enfant ; elle priait aussi pour son époux.

Tout proteste contre ces impiétés et ces violences : le droit, la conscience, la nature humaine outragés.

BÉRICHON (*changeant de conversation*)

Chevrin, je venais surtout pour t'inviter à cette réunion qui aura lieu demain chez Mme Rosa, à l'occasion des obsèques d'un de ses anciens serviteurs, mort dans les principes de la libre-pensée. J'espère que tu réfléchiras et que ce n'est pas ton dernier mot. Si tu veux encore faire partie des nôtres, tu seras fidèle au rendez-vous ; c'est à midi : il s'agit de grossir et d'orner une manifestation importante qui va avoir lieu dans la petite ville voisine. L'heure est bien choisie : nous sommes sûrs d'avoir de nombreux spectateurs. Entre nous, les morts précédents étaient d'assez pauvres sujets, et nous avons eu du mal à recruter des assistants sérieux. Il n'en sera pas ainsi cette fois. Le défunt ne s'est ni pendu ni noyé ; il n'est point mort en prison ou à l'hospice ; il jouissait de tous ses droits civils et politiques ; c'était le serviteur attitré d'une maison honorable. Il y a là, si je ne me trompe, les éléments d'un bel enterrement civil, auquel je t'engage bien à prendre part. Quoi que tu dises, le comité compte encore sur toi. Tu verras que ce sera un cortège magnifique, dont les cléricaux enrageront, et qui sera décrit par les journaux démocratiques. Sois exact : la réunion qui aura lieu à midi, sera suivie d'un banquet fraternel et patriotique auquel nous invite gracieusement Mme Rosa, l'honorable maîtresse du vieux serviteur.

Au revoir donc et à demain.

CHÉVRIN.

Ne compte pas sur moi ; mon parti en est bien pris.

(Berichon se retire prestement, faisant semblant de ne pas entendre la réponse de Chévrin.)

III

Mme ROSA, BERICHON, *et tous les sociétaires en grande tenue, un bouquet d'immortelles à la boutonnière.*

BÉRICHON *(entrant escorté de ses associés).*

Madame, ces messieurs et moi nous sommes à vos ordres pour enlever le corps de votre vieux serviteur, et lui rendre les honneurs dus à son mérite.

Mᵐᵉ ROSA.

Très bien, messieurs, vous êtes exacts à l'heure. Tout est prêt de mon côté ; et du vôtre ne manque-t-il rien ? Avez-vous préparé un petit discours ?

BÉRICHON.

Nous n'y manquons jamais ; c'est même la pièce à effet, car c'est alors que nous avons l'occasion de dire ce que nous sommes et ce que nous voulons.

Mᵐᵉ ROSA.

Surtout, monsieur, dans les paroles que vous allez prononcer, qu'il ne soit question ni de prêtre, ni d'église, ni d'âme, car mon vieux serviteur qui ne croyait à rien de tout cela est mort dans l'exercice pur de la libre-pensée.

BÉRICHON.

Madame est parfaitement dans mes idées. Nous ne parlons jamais de ces vieilleries ; et même quand quelqu'un meurt assisté des momeries de la religion catholique, nous avons le mot d'ordre de n'en jamais parler dans nos journaux, et de laisser croire aux naïfs lecteurs que l'enterrement a été purement civil ; nos adeptes sont encore rares, et nous faisons tout le bruit possible pour faire croire à une association nombreuse.

Du reste, si madame veut prendre connaissance des paroles qui vont être prononcées tout à l'heure, je puis lui en faire la lecture, ce ne sera pas long.

Mᵐᵉ ROSA.

Eh bien, voyons, cela me fera plaisir.

BÉRICHON (*déroulant un papier et lisant avec emphase*).

« Les libres-penseurs veulent rendre les « honneurs à leurs morts illustres, à ceux qui « ont rendu des services à la patrie, mais ils « n'honorent pas moins la mémoire des servi- « teurs qui se sont dévoués toute leur vie à « remplir les fonctions les plus humbles. « Celui que nous pleurons aujourd'hui a été « bon, fidèle à ses devoirs et à ses maîtres ; « il est mort en vrai libre-penseur ; que son « souvenir vive à jamais ! Remarquez, mes- « sieurs, je ne parle pas de son âme, c'est un « vieux mot qui appartient à l'ancienne « superstition.

« La science moderne paraît avoir démontré « qu'entre l'homme et l'animal, il n'y a de « distinction que dans l'organisation céré- « brale ; l'homme ne serait qu'un animal su-

« périeurement organisé, un bipède doué de
« la bosse du progrès, protubérance qui man-
« que aux singes modernes, ou qui du moins
« se développe chez eux très lentement. En
« un mot, nous serions des animaux civilisés,
« des singes savants.

« Qui sait si ce qu'on est convenu d'appeler
« l'âme, n'est pas aussi bien chez l'homme
« que chez les animaux le résultat phosphori-
« que des fonctions physiques ? (1)

« Quoi qu'il en soit, messieurs, l'essentiel
« est de mourir en libre-penseur, comme
« vient de le faire ce bon serviteur auquel
« nous venons rendre les derniers devoirs.
« Qui meurt ainsi sans crainte et sans super-
« stitions ridicules, a noblement rempli sa
« carrière. Honneur à toi, vaillant champion
« de nos doctrines !

« Adieu donc, adieu ! pauvre ami ! toi dont
« nous honorons la mémoire pour la dernière
« fois ; adieu au nom de tes amis de la libre-
« pensée ! que la terre te soit légère ! Puisse
« ta noble maîtresse privée de tes services
« qu'elle savait si bien apprécier, trouver
« dans ces simples paroles dictées par le cœur,
« quelque consolation au chagrin que lui
« cause ton décès ! »

(1) Clovis Hugues, *séance du 6 mai.*

Mme ROSA.

Très bien, monsieur, ces paroles conviennent parfaitement à mon pauvre défunt ; vous le connaissiez donc ?

BÉRICHON.

Non, madame, mais c'est à peu près ce que nous disons toujours en semblable circonstance. Maintenant nous allons procéder à la cérémonie. Où est le mort à enlever ?

Mme ROSA,

Suivez-moi, je vous conduis à sa chambre située au fond du jardin.

BÉRICHON (*tout en suivant*).

Messieurs, alignez-vous, laissez des intervalles dans les rangs, et marchons avec lenteur et gravité, surtout au dehors, nous aurons l'air d'être le double.

Mme ROSA (*ouvrant la porte de la chambre mortuaire.*)

Messieurs, voici le cadavre à enlever...

BÉRICHON (*pâlissant, puis devenant rouge cramoisi, en apercevant un vieux chien mort, étendu sur un lit de roses et d'immortelles*).

Comment ! madame, c'est une indignité ! Quoi ! c'est pour cela que vous nous convoquez !

Mme ROSA.

Mais, monsieur, mon Azor a toutes les qualités voulues pour que vous lui fassiez les honneurs d'une escorte de la libre-pensée... la preuve c'est que votre discours n'a dit rien de trop ; il n'y a rien à en retrancher, qu'il s'agisse d'un homme ou d'un animal. Mon Azor est un vieux serviteur, bien fidèle ; il est mort comme il a vécu, sans prêtre et sans sacrements ; il mangeait de la viande le Vendredi-Saint...

BÉRICHON.

Assez, madame, je proteste, et nous nous retirons. Messieurs, partons.

Mme ROSA.

Mes amis, laissez partir ce monsieur, si bon lui semble ; je ne veux pas que votre démarche soit tout à fait perdue, je vous ai invités à déjeuner avec moi ; allons nous

mettre à table pendant que mon jardinier
encrottera ce pauvre Azor.

*(A ces mots Bérichon s'esquive, pendant que
les autres enlèvent discrètement la fleur d'immortelle fixée à leur boutonnière, et, la faim
aidant, se laissent facilement persuader... On
se met à table.)*

IV

Mme ROSA, les invités.

Mme ROSA.

Messieurs, c'était pour avoir l'occasion de
vous réunir et de vous parler, que j'ai fait
naître l'incident de mon chien à enfouir. Je
suis persuadée que pour la plupart vous igno-
rez la gravité des actes ridicules et sacrilèges
auxquels on vous fait prendre part. Sachez
donc que parmi les scandales qui affligent
notre époque, l'un des plus lamentables est
sans contredit l'enterrement civil. C'est là un
fait absolument propre aux temps modernes,
et on peut presque dire à notre pays. Jamais
autrefois, ni dans aucun lieu, il ne serait
venu à la pensée d'écarter toute formule religieuse d'un enterrement; les catholiques, les
protestants, les schismatiques, les israélites,
les mahométans, les païens eux-mêmes ont

ici la même manière de voir, et comprennent
que la séparation suprême doit être placée
sous la protection de la puissance créatrice.
Il a fallu l'orgueilleuse aberration des esprits
corrompus par le souffle révolutionnaire, pour
amener des êtres ayant encore une apparence
de raison à accepter cette chose odieuse qu'on
appelle un enterrement civil. Je sais bien que
malgré les persécutions de toute sorte diri-
gées contre la foi de nos pères, les enterrements civils ne forment jusqu'à ce jour qu'une
infime exception : d'ailleurs, ces manifestations déjà si rares de la libre-pensée, revêtent
invariablement un caractère politique, ce qui
nous montre que certains républicains ont la
spécialité d'exploiter non seulement les vivants, mais encore les morts ; ils auront beau
faire, la coutume abominable que la libre-
pensée médite d'acclimater en France se
heurtera toujours non seulement contre nos
croyances, mais aussi contre nos traditions et
nos mœurs. Ce que je ne m'explique pas,
c'est comment, vous travailleurs et gens de
bon sens, vous vous êtes laissé enrôler dans
cette triste association.

Plusieurs invités.

Madame, on nous a dit que c'était dans
notre intérêt, pour nous venir en aide, que
les enterrements ne coûteraient plus rien, et
puis que c'était bien mieux comme cela.

Mme ROSA.

Je vais vous montrer comme quoi c'est bien mieux ! J'ai réuni, à votre intention, plusieurs témoignages dont je vais vous donner lecture. Le premier est d'un éloquent écrivain qui vient de traiter la question des enterrements civils. J'en détache, pour vous le lire, le passage suivant :

« ... Le spectacle des enterrements civils est pour l'humanité une *honte*, pour la liberté de conscience une *servitude*, pour la religion le dernier et *le plus cruel des outrages*. —

« Mais les libres-penseurs eussent-ils jamais assez d'autorité dans le monde pour lui donner la loi, où porteront-ils leurs cendres inquiètes et superbes ? Quelle terre remueront-ils pour y trouver le repos ? On disait à Descartes mourant à Stockholm : « C'est une grande disgrâce pour vous d'être enterré parmi les protestants. — Je ferai creuser ma fosse un pied plus bas, répondit le philosophe chrétien, et je me retrouverai parmi les catholiques. » Le libre-penseur aura beau creuser sa fosse, il trouvera partout les signes authentiques de quelque culte, partout une terre consacrée par la religion. Les païens mêmes, enterrés il y a dix-huit siècles, ne lui donneraient point asile dans leurs tombeaux. Est-ce auprès d'un père, d'une mère, d'une épouse qu'il ira reposer ? Mais comment partager leur tombe quand on a cessé de partager leur espérance ! On a vu, dit-on, un époux se remuer pour faire place à son épouse sous la même pierre, en signe de leur amour mutuel et de la communauté de leurs sentiments. — Ah ! si les morts se ranimaient, ne serait-ce pas pour exprimer un sentiment d'horreur à l'approche du libre-penseur qui vient demander une place auprès d'eux ? Le père, la mère, l'épouse, l'ami se lèveraient avec indignation pour repousser le profanateur ; la cité se plaindrait comme la famille ; l'humanité tout entière, sortant de son linceul, n'aurait qu'une voix pour lui dire : « Retire-toi, malheureux, nous ne te connaissons pas pour être de notre race. Pourquoi viens-tu troubler notre repos ? Va chercher, pour dessécher et réduire en poussière tes ossements impies, quelque région qui n'a eu ni religion, ni prières, ni sacrifices. Ici la terre ne te sera point légère et la malédiction de l'humanité appellera sur ton cadavre les foudres du ciel. » Ô croix sainte, vous de qui tout pardon descend, détournez de nous cette malédiction suprême ! Demeurez dans les champs de la mort et protégez la paix de nos tombeaux !   (Mgr Besson.)

Si vous trouvez que ce témoignage est trop *clérical*, attendu que l'auteur est un évêque, en voici un autre que j'emprunte à un journaliste :

« Libres-penseurs, vous niez Dieu et l'âme.

« Or, savez-vous bien ce que vous faites ?

« Dire : Je n'ai pas d'âme, c'est dire : Je « suis une bête, et la pire de toutes les bêtes, « puisque je ne puis m'envoler dans les airs « comme l'oiseau, que je n'ai ni l'agilité de la « gazelle, ni la force du lion ; que je n'ai ni la « vue du lynx, ni la finesse d'odorat du chien ; « j'ai besoin de vêtements pour me couvrir et « d'apprêt pour ma nourriture... En un mot, « j'ai toutes les misères que les bêtes n'ont « pas.

« Vous niez Dieu, mais très peu d'entre « vous sont athées, quoi que vous en disiez ; « vous faites semblant de ne pas croire, c'est « le mot d'ordre, c'est la consigne aujourd'hui. « Mais, au fond, vous n'êtes pas rassurés du « tout, et si vous chantez dans cette nuit, dans « ces ténèbres morales qui vous entourent, « c'est que vous avez peur.

« La main de Dieu vous prendra tous les « uns après les autres. C'est notre consolation « et c'est notre croyance.

« Comparons vos morts aux nôtres.

« Les vôtres s'arrêtent sous terre ; les nôtres « y trouvent des ailes pour s'élancer dans « l'infini de Dieu.

« La mort, pour vous autres républicains, « c'est la fin de tout, c'est l'orgie qui finit, « c'est la digestion qui s'arrête, c'est la bou-« teille qui se vide, c'est le gigot dont il ne « reste plus que l'os, c'est le cigare exquis

« fumé jusqu'au bout, c'est la pipe qui se
« casse, c'est enfin le châtiment, la terreur,
« car c'est la fin.
« Pour vous, le cimetière n'est qu'un char-
« nier où l'on mêle ses pourritures, et où tout
« ce qui survit de deux êtres qui s'aimaient
« se réduit à la visite de politesse que se ren-
« dent d'un cercueil à l'autre les horribles
« vers des cadavres.
« Pour nous, c'est la salle d'attente, c'est
« le lit de marbre où l'on va dormir... en
« attendant l'éternité du revoir joyeux. »

Un invité.

Nous ne savions pas tout cela.

Mme ROSA.

C'est pourquoi j'ai cru nécessaire de vous
en instruire. On vous a encore dit que les
enterrements civils étaient beaucoup mieux
que les enterrements religieux. Ceux qui par-
lent ainsi sont des ignorants ou des fourbes
qui veulent vous tromper. Au contraire, rien
n'égale la sublimité des funérailles chrétiennes. En voici le résumé tel que je le trouve
dans un excellent livre :

L'Eglise qui consacre notre berceau et qui
environne d'une protection si auguste le petit
enfant qui arrive dans la vallée de larmes, ne
néglige rien pour nous exciter à la prière,

et rendre l'homme respectable alors que parvenu au terme de sa carrière, il descend dans la tombe pour y subir l'arrêt commun.

Chez les anciens, le cadavre du pauvre ou de l'esclave était abandonné presque sans honneurs, et enfoui au plus vite ; parmi nous, le ministre de la religion veille au cercueil du villageois comme au catafalque du monarque. L'indigent de l'Evangile, en exhalant son dernier soupir, devient soudain (chose sublime !) un être auguste et sacré. A peine le mendiant qui languissait à nos portes a-t-il quitté cette vie, que la religion nous force à nous incliner devant lui ; elle nous commande de respecter un juste racheté du sang de Jésus-Christ, et qui, d'une condition obscure et misérable, vient de monter à un trône céleste : c'est ainsi que la religion ennoblit tout ce qu'elle touche.

Pour nous exciter à la prière, à peine l'un de nos proches a-t-il rendu le dernier soupir, que l'Eglise étend sur son corps l'image du Dieu crucifié, et qu'elle le fait reposer ainsi à l'ombre de cette croix de bois qui a sauvé le monde. Puis la cloche avertit les fidèles de prier pour leur frère. La ferveur de tous se ranime en entendant le glas funèbre qui retentit à certains intervalles, jusqu'au moment où l'on confie à la terre ce qui appartient à la terre, tandis que l'âme retourne à Dieu.

Avant la levée du corps, le prêtre jette de

l'eau bénite sur la bière, puis on récite le *De profundis* à deux chœurs : en effet, il y a deux voix dans ce lugubre cantique : voix de l'âme inquiète et troublée, qui craint les jugements de Dieu, et voix de l'âme qui sent renaître son espérance à la vue de la Rédemption du Seigneur, qui efface toutes les iniquités d'Israël.

La levée du corps se fait processionnellement, au milieu des parents, des amis, des enfants en pleurs, pendant que le glas funèbre redouble en tintements ; la croix, gage d'espérance et signe de résurrection, protège le cortège. Le défunt arrive à l'église où commence et finit sa carrière chrétienne. Quel rapprochement entre le berceau et la tombe ! entre le baptême et l'enterrement !

Alors le prêtre commence la sublime prière : *Subvenite...* Secourez-le, saints de Dieu, accourez à sa rencontre, anges du Seigneur ; recevez son âme, portez-la en présence du Très-Haut...

L'Eglise tendue de noir et voilée, nous montre qu'elle s'associe à nos peines et à nos tristesses. Des flambeaux brillent autour du cercueil, pour exprimer que tout ne meurt pas avec nous, que l'âme survit à la dissolution des organes et qu'elle passe des ténèbres à la lumière. Quant à ceux qui brûlent sur l'autel, ils signifient que Jésus-Christ est la vraie lumière qui doit éclairer l'humanité.

Mais ce sont surtout les prières de l'Eglise

qui révèlent son ardent amour des âmes, et sa ferme foi dans une autre vie. Suivons-les en détail.

D'abord la *Messe* commence par ces paroles solennelles, qui reviennent si souvent dans l'office : *Donnez-leur, Seigneur, un repos éternel, et que la lumière brille à jamais pour eux.* Pauvres âmes, elles ont été tant agitées, troublées sur cette terre ! Leur vie n'a été qu'un long et pénible travail, qu'une lutte incessante contre le mal, les passions, la douleur ; il est bien temps qu'elles se reposent.

A l'*Epître*, la voix de saint Paul se fait entendre pour proclamer le dogme consolant de la résurrection des morts.

Qui ne connaît le *Dies iræ*, l'hymne de la mort, le chant des colères célestes et de l'infinie miséricorde ? Ce Juge souverain qui paraît, cette trompette qui sème l'effroi dans les régions de la mort, ce livre sur lequel tout est écrit, cette foule tremblante courbée devant le trône de la Majesté divine : quels enseignements !

Nous voici à l'*Evangile*. L'Eglise n'en pouvait choisir un qui fût mieux approprié à la cérémonie des obsèques. C'est le touchant récit de l'entretien de Marthe et de Jésus-Christ concernant la mort de Lazare. Jésus la console et lui dit : « Votre frère ressuscitera. Je suis la résurrection et la vie ; celui qui croit en moi, quand même il serait mort, vivra. »

Après la messe, le clergé vient se ranger pour l'*Absoute*, autour du cercueil, et l'on chante le répons *Libera me*, etc. *Délivrez-moi, Seigneur*, etc. Dans cette lugubre et touchante prière, c'est le mort qui parle : *Délivrez-moi, Seigneur, délivrez-moi, et que le gouffre ténébreux ne se referme pas sur moi*. Puis, tout à coup, le cri de l'espérance se fait entendre : *Je sais*, continue le mort par l'organe de l'Eglise, *je sais que mon Rédempteur est vivant, et qu'au dernier jour je sortirai de cette terre*.

Le prêtre dit : *Kyrie eleison*, Seigneur, ayez pitié de lui. Puis il entonne le *Pater*, qu'il récite à voix basse. Pendant ce temps, il fait le tour du cercueil et l'asperge d'eau bénite ; c'est une dernière purification pour le mort ; puis il l'encense ; cet encens rappelle et la prière de l'Eglise pour son fils défunt, et la bonne odeur des vertus que ce chrétien a pratiquées. Le moment du départ pour le cimetière est arrivé. Adieu, église sainte où je reçus le baptême ; adieu, chaire sacrée d'où découlèrent sur moi, comme une bienfaisante rosée, les paroles du salut ; adieu, tribunal de la miséricorde où je reçus tant de fois, avec le pardon de mes fautes, de paternels avis et d'ineffables consolations ; adieu, Table sainte où mon Dieu me nourrit de sa chair immortelle ; adieu, mes parents, mes amis, mes enfants, adieu jusqu'à la résurrection générale... Voilà tout ce que dit ce dernier départ de l'église pour le cimetière. Aussi, les larmes, les sanglots des proches redoublent en ce moment solennel. Que fait alors la religion ? D'une voix douce, elle donne le signal du mouvement en chantant ces délicieuses paroles : *In paradisum deducant te Angeli,* etc. « Que les Anges vous conduisent en paradis ; que les martyrs viennent à votre rencontre et vous introduisent en la sainte cité de Jérusalem ; que le chœur des Anges vous reçoive et vous fasse partager avec Lazare, autrefois pauvre, le repos et le bonheur éternel. »

Ainsi, tandis que la nature éplorée ne voit qu'un cimetière au terme du voyage, un cimetière avec ses tristes mystères de décomposition et de pourriture, la religion, radieuse d'immortalité, nous montre le Paradis avec ses joies et son bonheur. Alors, au milieu d'une dernière prière, d'une dernière aspersion, l'Eglise rend à la terre ce qui doit retourner à la terre. La séparation est accomplie ; mais combien son amertume a été adoucie par ces rites, ces prières et ces cérémonies sublimes ! La tombe est refermée, et la croix qui la surmonte annonce que là est le corps d'un chrétien qui a vécu plein d'espérance, et qui attend avec confiance le jour de la résurrection générale. Consolante pensée ! Religion sainte, soyez bénie ! Dans cette fosse surmontée de la croix, le chrétien ressemble au voyageur fatigué qui repose doucement à l'ombre d'un arbre, en attendant que l'heure soit venue de reprendre sa route.

Telles sont, Messieurs, les cérémonies de nos funérailles chrétiennes ; dites-moi si vous en connaissez de plus majestueuses et de plus consolantes ?

Plusieurs invités.

Nous n'avions jamais réfléchi à ces choses. Comment faire maintenant pour nous retirer de la libre-pensée ?... on nous a fait prêter serment.

Mme ROSA.

Ne savez-vous pas qu'un serment faux ou injuste n'oblige nullement ? Ce serment est réprouvé par la morale autant que par la loi positive. De même qu'il n'est pas permis à un majeur de dire : « Je veux être incapable », de même il ne lui est pas permis de dire : « Je veux cesser d'être libre. »

La liberté est un droit sacré qu'on ne peut altérer par aucune convention. Tout pacte qui porte atteinte à ce droit est entaché d'une nullité absolue.

Il est de toute évidence que si, par impossible, un homme se vendait à un autre, se constituait son esclave, cette convention n'aurait aucune valeur. C'est en vertu du même principe qu'il n'est pas permis de stipuler des principes à vie. « On ne peut engager ses services qu'à temps », dit l'article 1780.

Il y a plus : les Sociétés qui cherchent à provoquer ces tristes engagements, tombent sous le coup de la loi du 23 mars 1872, ainsi conçue : « Toute Association..., qui a pour but « de provoquer à l'abolition de la religion ou « du libre exercice des cultes, constitue... un « attentat contre la paix publique. »

Plusieurs ensemble.

Nous voilà bien renseignés. Dès demain, nous donnons par écrit notre démission à M. Bérichon.

Mme ROSA.

Sans doute, faites cela ; mais, en outre, prenez bien vos précautions pour n'avoir un jour à subir l'outrage d'un enfouissement civil, malgré votre volonté, car voilà qu'on parle d'une loi qui permettrait à *n'importe quelle Société d'enfouisseurs*, reconnue ou non, composée si l'on veut de quatre galériens, d'enlever les cadavres aux familles, en déclarant qu'à une époque quelconque le mort a signé un papier ou prospectus d'enfouissement. Ainsi, dans 20 ou 30 ans, on pourra opposer le petit papier. A votre place, voici ce que je ferais : j'écrirais une courte rétractation, dans laquelle je déclarerais que ma volonté formelle est d'être enterré à l'église. Ensuite je déposerais cet écrit en lieu sûr, par exemple au même endroit que mon testament.

Puis, je me ferais un devoir d'assister pieusement, depuis le commencement jusqu'à la fin, aux enterrements religieux de mes parents et amis, et de ne jamais prendre part aux enterrements civils. Telle est la ligne de conduite tenue par un savant évêque qui ne veut pas même qu'on se permette de regarder passer ces enfouissements.

« L'honneur de votre foi, dit Mgr de Nîmes, vous interdit de prendre part au spectacle que donnent les enterrements civils. Je n'ai pas besoin de vous dire que vous ne sauriez en suivre le cortège. Vous sentez assez combien cette lâcheté serait odieuse, et quel gage vous offririez aux sectes révolutionnaires. Mais il est une autre défense que je dois vous faire avec toute l'autorité du ministère épiscopal. La curiosité qui vous porte à aller voir défiler ce spectacle d'irréligion est une curiosité mauvaise, et vous donnez, sans le savoir, une satisfaction à l'athéisme. Qu'a voulu ce mort, si tant est qu'il ait voulu et ordonné quelque chose ? Après avoir renié son Dieu, il a voulu afficher son incrédulité. Qu'est-ce que veulent certainement ces entrepreneurs d'enterrements civils ? En se déployant au grand soleil, à la vue de toute une ville, parmi les pompes de la franc-maçonnerie, ils veulent spéculer sur la curiosité publique et ils espèrent la surprendre, la corrompre et la pervertir par une solennelle démonstration...

Un invité. — C'est vrai tout de même.

Mme ROSA.

« Or, je vous le demande, pouvez-vous répondre à leur attente et combler leurs vœux ? Quel exemple allez-vous donner ? Il y a dans cette foule des hommes, hélas ! trop incertains de la conduite qu'ils doivent tenir à la mort. Ces hommes commencent à rêver pour eux-mêmes les honneurs d'un bel enterrement. Faibles dans la foi, la pensée qu'ils n'auront que le prêtre et le crucifix à la tête de leur cortège funèbre n'est guère propre à les raffermir contre la tentation de mourir en libre-penseur, car cette mort leur assurera une nombreuse assistance, avec une triple haie de curieux rangés autour de leur cercueil. Cette fatale curiosité aura la plus funeste influence sur l'esprit et les mœurs de la foule. Rien ne flatte la vanité humaine comme la certitude d'être donné en spectacle ; rien n'est plus capable que la présence des honnêtes gens d'encourager, de propager, d'alimenter la pompe des enterrements civils. Vous n'applaudissez pas ; qu'importe, vous regardez : c'est assez pour le succès de la secte, la honte de la civilisation chrétienne et le discrédit de la religion.

« Quel est donc votre devoir, pères de famille ? Enfermez-vous dans l'intérieur de vos maisons, avec votre femme, vos enfants, vos domestiques ; déplorez hautement de tels spectacles, ayez le courage d'en interdire l'approche à tous ceux qui dépendent de vous. Fermez scrupuleusement vos fenêtres sur le passage du convoi. Ne le feriez-vous pas, si l'ennemi de la patrie entrait dans vos murs et promenait dans vos rues son insolente victoire ? Eh bien ! ce sont les ennemis de Dieu et de toute religion qui triomphent. Méritent-ils qu'on les regarde passer ? Ils ont couvert de fleurs ce cercueil que le désespoir a cloué.

« Est-ce que ces fleurs n'exhalent pas une odeur de corruption et de mort ? Ils ont des concerts de louanges, mêlés au son des instruments de musique pour vanter cet orgueil qui s'est dressé contre le ciel au dernier jour. Est-ce que de tels accents peuvent flatter vos oreilles ? Oh ! non, j'en suis sûr, vous déplorez une telle aberration de la race humaine. Votre foi en est offensée et vous désespéreriez de votre nom et de votre race, si vous pouviez craindre que ce nom fût mêlé jamais à ce spectacle, qu'un de vos enfants ou de vos petits-enfants en devînt jamais l'esclave. » (Mgr Besson.)

Tous ensemble.

Ce que c'est que de ne pas savoir ! Qui se serait imaginé que la pratique des enterrements civils était si mauvaise que cela ?

Mme ROSA.

Le fait suivant nous montre comment, dans un pays religieux, on pourrait *protester* contre le scandale des enfouissements civils :

Dans une des plus importantes paroisses de l'arrondissement de Mézières, un pauvre jeune homme, depuis longtemps malade, s'était laissé circonvenir par les francs-maçons, et avait eu le malheur de signer l'engagement de se faire enterrer civilement. Il y a quelques jours, l'infortuné mourait. Dès que la population connut la promesse extorquée et le projet d'enfouissement qui en était la suite, ce fut un cri général de réprobation. Le lendemain, cependant, la démonstration radicale eut lieu. Le cercueil suivi d'une mince escorte de jeunes gens convoqués d'autorité et de pompiers commandés d'office (car le défunt était pompier), traversa les rues désertes. Pendant ce temps la population honnête et chrétienne se dirigeait vers l'église, et bientôt cent cinquante personnes, hommes et femmes, chantaient ensemble le *Parce Domine*, et récitaient le chapelet en esprit d'expiation. Cette contre-manifestation en vaut bien une autre.

Si les catholiques avaient assez de cœur pour répondre ainsi partout par des protestations efficaces aux attentats de la libre-pensée, cette secte infernale, qui veut nous gouverner, rentrerait bientôt dans les ténèbres dont elle n'aurait jamais dû sortir.

V

LARRIVE, CHÉVRIN.

CHÉVRIN, *rencontrant Larrive.*

Eh bien ! qu'est-ce que j'ai donc entendu dire au sujet de l'enterrement civil demandé par Mme Rosa ? Que s'est-il passé au juste ?

LARRIVE *raconte tout et ajoute :*

Tu as bien fait de donner d'avance ta démission ; nous avons tous fait comme toi, au grand contentement de nos femmes qui gémissaient de nous voir dans cette société d'enfouisseurs, et puis je t'assure que cela nous a bien soulagé la conscience.

CHÉVRIN.

Et Bérichon, qu'est-il devenu

LARRIVE.

Pauvre homme, je le plains ! En un clin d'œil, l'affaire s'est ébruitée dans le bourg et dans tous les villages des alentours, et quand Bérichon passe, les enfants le suivent en aboyant, quelques-uns appellent : *Azor, Azor ;* d'autres se demandent en riant s'il ne veut pas voir Mme Rosa.

Bref, il est devenu la risée du public.

EXTRAIT DU CATALOGUE

DE LA

LIBRAIRIE CATHOLIQUE INTERNATIONALE

DE L'ŒUVRE DE SAINT-PAUL

Paris, 6, rue Cassette, 6, Paris.

Vie de saint Benoît-Joseph Labre, avec le portrait du Saint, par un prêtre Mariste. — Beau vol. in-12. — Prix, *franco* : 2 fr. 50.

Voici le jugement qu'en donne le journal *Le Monde* (27 août 1881) :

« Suivre le Saint pas à pas, année par année, jour par jour, raconter tous les faits saillants de sa vie, recueillir toutes ses remarquables paroles ; continuer à le suivre après sa mort dans la dévotion qu'il inspire aux fidèles, dans les marques nombreuses de sa protection et dans les travaux longs et minutieux que l'Eglise s'impose pour arriver enfin à la canonisation solennelle ; réunir en un faisceau ses principales prières, sentences et maximes ; enfin indiquer les lieux où se conservent plus particulièrement son souvenir et ses précieuses reliques, tel est le cadre que l'auteur s'est tracé et qu'il a rempli fidèlement. Il a évité avec soin les longueurs, les digressions, les descriptions, etc., qui font souvent perdre de vue le Saint et engendrent quelquefois l'ennui.

Vie populaire de saint Benoît-Joseph Labre, né à Ammettes en 1748, mort à Rome en

1783, en odeur de sainteté. Brochure in-18 de 140 pages. — Prix : 40 cent. ; *franco* : 50 cent.

La même, tirée sur joli papier et ornée de gravures. — Prix : 75 cent. ; *franco* : 85 cent.

Panégyriques de saint Benoît-Joseph Labre, par l'Eglise, par les orateurs sacrés et par la presse catholique. — Brochure in-8. — Prix : 2 fr. 50.

Prières et Maximes de saint Benoît-Joseph Labre, avec le portrait du Saint. — Les prières, prix : 2 fr. 50 le cent ; 20 fr. le mille. — Les maximes, prix : 2 fr. 50 le cent ; 20 fr. le mille.

Neuvaine ou triduum pour implorer le patronage de saint Benoît-Joseph Labre, par A. C. (S. M.). Petite brochure de 24 pages. — Prix : 15 c.

OPUSCULES DE PROPAGANDE

Le jeune homme chrétien, brochure de 192 pages avec couverture en couleur. — Prix : 0 fr. 60. l'exempl. ; 6 fr. la douz. ; et 45 fr. le cent.

Ce petit livre, écrit pour les élèves d'un établissement de jeunes gens, est empreint de la tendresse d'un père pour ses enfants. L'auteur y a répandu toute son âme dans des conseils pleins de sagesse et dictés par une prudente expérience.

La première Communion. — 0 fr. 50 l'ex. ; 5 fr. la douzaine ; 40 fr. le cent.

Terribles punitions des profanateurs scandaleux du dimanche, démontrées par cent traits récents, par le R. P. Huguet, Brochure in-18 de 144 pages palpitantes d'intérêt. — Prix : l'exemplaire, *franco* : 0 fr. 50 ; la douzaine, 4 fr. 50 ; le cent. 30 fr. ; le mille, 250 fr.

Les protestants confondus par l'Evangile et le bon sens, par M. l'abbé GUILLAMIN, curé de Saillenard (Saône-et-Loire). — Prix, *franco-poste* : 0 fr. 30.

Nouvelles réponses à quelques objections du jour contre la religion. — Prix *franco* : 0 fr. 30 ; 20 fr. le cent.

Causeries amicales. — Le petit livre d'or. — Prix *franco* : 0 fr. 30 ; 10 fr. le cent.

L'enfant martyr ou l'école sans Dieu. — Brochure de 100 pages in-32. — Prix : 0 fr. 40.

Histoire du beau petit Jésus, par l'auteur de l'*Enfant martyr*. — Prix : *franco*, 0 fr. 75 c.

Le Tiers-Ordre de saint François d'Assise. — Prix : 0 fr. 20.

Saint François d'Assise et le Tiers-Ordre. — Leur influence dans le monde, d'après S. S. le Pape Léon XIII. — Prix : 0 fr. 15, *franco* : 10 fr. le cent.

Devoirs des parents et de la famille en présence des conditions nouvelles faites aux écoles primaires. — Prix : 0 fr. 20 cent. l'exemplaire ; 15 fr. le cent.

Devoirs des pères et mères envers les enfants, dans les conditions actuelles de l'école primaire. — Prix : 0 fr. 15 l'exemplaire ; 10 fr. le cent.

La question des écoles. — Prix : 0 fr. 15 l'exemplaire ; 10 fr. le cent.

Ces trois opuscules reproduisent les instructions remarquables adressées à ses diocésains par Mgr Ketteler, évêque de Mayence, après la promulgation des lois scolaires votées naguère par le Parlement prussien.

Ces pages de l'éminent évêque sont d'une frappante actualité par suite de la nouvelle loi que les législateurs français ont imposée à leur patrie.

La vie cachée. — L'abandon à la divine Providence. Méditations extraites des œuvres de Bossuet et suivies de l'*Acte de confiance en Dieu* du Vén. P. de la Colombière, et de la *Consécration au Sacré-Cœur* d'après la Bienheureuse Marguerite-Marie. Brochure in-18. — Prix : 0 fr. 25 l'exempl. ; 2 fr. 50 la douz. ; 18 fr. le cent.

La loi du 28 mars 1882 sur l'instruction primaire obligatoire et les devoirs des catholiques, par Mgr Cotton, évêque de Valence. — Prix : 0 fr. 15 l'ex. ; 10 fr. le cent.

Aux Francs-Maçons, par M. l'abbé PIETRE, auteur du *Catholique*. — Prix 0 fr. 25 ; 20 fr. le cent.

Le Syllabus et l'Encyclique du 8 décembre 1864. — Texte latin et traduction française. Brochure de 72 pages. — Prix, *franco* : 0 fr. 30 l'exemplaire ; 3 fr. la douzaine et 25 fr. le cent.

Le grand remède à nos maux, feuille de propagande. — Prix : le cent 0 fr. 75, le mille 6 fr. 50 (Grâce à une subvention spéciale de l'auteur.)

La Sainte Messe, résumé de la vie de Jésus

Christ, résumé de la vie chrétienne. Prix : le cent.
1 fr. 20 *franco* : 10 fr. le mille.

**Le Pater. — L'Ave Maria. — Le Credo. —
Le Signe de la Croix. — Les Béatitudes.
— L'Angelus. — Le Crucifix. — La Laïcité
des écoles jugée par des laïques. — Le
Saint Sacrifice de la Messe. — Le Chape-
let. — Le Blasphème. — Le Dimanche.** —
Prix : 0 fr. 55 l'ex. ; 12 fr. le cent.

Cette série de brochures, composées par un cha-
noine, forme une excellente collection pour la propagande. La doctrine y est exposée d'une manière
claire et précise. De nombreux faits édifiants en
facilitent l'intelligence et en rendent la lecture at-
trayante.

Les personnes chrétiennes désireuses de voir la
doctrine catholique se vulgariser partout et opposer
ainsi une digue aux envahissements de l'impiété,
trouveront dans ces petites brochures des auxiliaires
puissants. Elles pourront en faire distribuer dans les
catéchismes et dans les écoles. Par le moyen des enfants, elles pénétreront dans les familles où elles
feront le plus grand bien.

Nous signalons parmi ces brochures: *La Laïcité
de l'école jugée par des laïques.* Il est intéressant
et instructif, à notre époque, de lire sur ce sujet les
témoignages des hommes les moins suspects de
sympathie envers l'Eglise catholique.

Les Indulgences. — Prix: 0 fr. 20 l'ex. ; 15 fr.
le cent.

Sus aux Jésuites. — Prix: 0 fr. 20 l'ex. ; 15 fr.
le cent.

Sus aux Calottins. — Prix: 0 fr. 20 l'ex. ; 15 fr.
le cent.

Pénitence ! Pénitence ! — Prix : 0 fr. 20 l'ex.
15 fr. le cent.

Le Chemin de la croix. — Prix : 0 fr. 20 l'ex.
15 fr. le cent.

Les patronages de jeunes gens dans les
petites paroisses (fondation et direction), à l'usage
du clergé. Prix, l'exemplaire : 0 fr. 30 cent. ; la douzaine : 3 fr. ; le cent : 20 fr. *franco.*

**Méthode pour former l'enfance à la
piété**, à l'usage du clergé. Prix, l'exemplaire :
0 fr. 20 cent. ; la douzaine, 2 fr. ; le cent, 15 fr. *franco.*

Neuvaines à la sainte Vierge, choix de
prières et avis importants. — Brochure de 32 pages.
— Prix : 0 fr. 20 cent.

Petite vie de saint Benoît-Joseph Labre
— 0 fr. 05 l'ex. ; 0 fr. 50 la douzaine, 4 fr. le cent.

**Voyage au pays natal de saint Benoît
Joseph-Labre.** — 0 fr. 25 l'ex.

**Sainte Thérèse de Jésus et les épines de
son cœur,** qui se vénère au monastère des Carmélites déchaussées, à Alba de Tormès, diocèse de
Salamanque. Traduit de l'espagnol par M. l'abbé
OLIVIER, curé de Glaire. — Un beau volume in-8.
— Prix : 2 fr. 50.

Neuvaine en l'honneur de sainte Thérèse suivie d'un traité de perfection de la même
sainte. Traduction nouvelle. Par le R. P. EUGÈNE
PLADYS, rédemptoriste. Charmant volume in-32.
Prix : 0 fr. 40, *franco* : 0 fr. 50.

4210. — Imp. de l'Œuvre de St-Paul, L. Philipona, 51, rue de Lille.